Anonymous

Der Friedenskongress zu Rastatt

Anonymous

Der Friedenskongress zu Rastatt

ISBN/EAN: 9783743369214

Hergestellt in Europa, USA, Kanada, Australien, Japan

Cover: Foto ©ninafisch / pixelio.de

Manufactured and distributed by brebook publishing software (www.brebook.com)

Anonymous

Der Friedenskongress zu Rastatt

Der
Friedens-Kongreß
zu
Rastatt.

Teutonia
auf Kosten der deutschen Constitution
1798.

Vorrede.

Wozu diese Schrift? Wird man fragen. Ist der Verfasser ein Eingeweihter, warum spricht er in manchen Dingen so schwankend, und warum hat er nicht lieber ganz geschwiegen, als Dinge noch zu verheimlichen, die wir gerne wissen möchten? Weiß der Verfasser aber nicht mehr, als jedes ehrliche, deutsche Menschenkind, mit Hilfe seiner gesunden Vernunft, errathen kann, warum will er klüger seyn, als andere, und wartet nicht mit uns, bis die großen Dinge an jenem Tage, der in Rastatt der letzte seyn wird, offenbaret werden? Auf sonderbare Fragen, gehören billig solche Antworten, die dem Verfasser in der That auch nicht schwer werden sollten. Indessen findet er weder für nöthig, noch hält er es für klug, etwas anders darauf zu antworten, als, daß jeder zu dem, was er thut, seine Beweggründe gehabt haben müsse.

Den Verfasser sollte es übrigens von Herzen freuen, wenn einige seiner Bemerkungen in der Folge eintreffen sollten, noch weit mehr aber würde es ihn entzücken, wenn der Friede zu Rastatt nicht allein dem deutschen Reiche, sondern der ganzen Menschheit, zum Nutzen ausfallen würde!

Geschrieben zu . . . . . den 1sten Christmonat 1797.

Sechs Jahre lang dauerte der blutige Kampf, in dem es auf der einen Seite Erringung möglichst vollkommener Freiheit, zu deren Begrif die Franzosen im Anfang ein Phantom zum Ideal nahmen, und auf der andern Seite Unterstützung monarchischer Verfassung galt. Die vorzüglichsten Mächte Europa's und das deutsche Reich, waren im Anfang mit Oestreich gegen Frankreich verbunden. Aber die ersten Mächte traten nach und nach, jede aus einem andern Interesse, von dem fürchterlichen Bunde ab. Auch ein großer Theil der deutschen Reichsfürsten, theils freiwillig, theils aus Noth gezwungen, wurden aus Feinden, Frankreichs Freunde, oder wenn man wegen Ungleichheit der kontrahirenden Theile so sagen darf, seine Verbündete. Am längsten hatte Oestreich mit England auf dem Kampfplatz ausgedauret. Endlich ward auch Oestreich genöthigt, in der Nacht vom 17ten auf den 18ten April 1797, auf dem Schlosse zu Gös bei Leoben in Steiermark, die zwischen dem französischen Obergeneral Bonaparte, und dem kais. königl. General Grafen von Meerfeld unterhandelte

Friedens-Präliminarien zu unterzeichnen. Die Freude darüber war in Deutschland nicht minder groß, als in Frankreich, weil man nun den Definitivfrieden als gewiß und als schnell darauf geschlossen, ansah. Aber wie es mit eingegangenen Bedingungen gewöhnlich zu gehen pflegt, die man in einer Lage unterschrieb, wo man nicht weiß, welcher von beiden in größerer Verlegenheit sey, und jeder gerne so schnell als möglich sich heraushelfen möchte; wenn die Verlegenheit vorüber ist, kommt die Besinnungskraft wieder; man sieht ein, daß man sich bald in diesem Punkt, bald in einem andern übereilt hat, und daß man sogar Verbindlichkeiten eingieng, zu deren Erfüllung wohl auch andere ein Wort mit zu reden haben, und nun sucht man wieder in dem darauf folgenden End-Traktat wieder gut zu machen, was man im vorläufigen allenfalls versehen hatte. Dies war ungefähr der Fall mit dem Präliminarfrieden zwischen Oestreich und Frankreich, und dies, nebst innern, theils bekannten, theils unbekannten Ursachen Frankreichs, kann zur Erklärung beitragen, warum die Unterhandlungen des Definitivfriedens länger währten, als man glaubte und wähnte, warum es beinahe zu einem neuen Ausbruch gekommen wäre, und warum der Definitivfrieden zwischen Oestreich, als König von Böheim und Ungarn, und der Republik Frankreich erst den 17ten Oktober dieses Jahrs zu Udine unterzeichnet wurde.

Von den Punkten des Präliminarfriedens ist nichts zur Kunde des Publikums gelangt, als die Erklärung des Kaisers an die allgemeine deutsche Reichs-Versammlung zu Regenspurg, daß in Hinsicht auf das deutsche Reich die **Integrität** desselben als Grundlage angenommen sey. Der Endfriede zu Udine hingegen ist bald nach dessen Schluß, sowohl in deutschen, als französischen Zeitungen, als ächt abgedruckt worden.

Aus der Erklärung des Kaisers auf dem Reichstage, und mehreren Punkten des Definitivfriedens, ergiebt sich ein offenbarer Widerspruch, aus dem man beinahe mit Evidenz das Resultat ziehen kann, daß dem Endfrieden noch besondere, das deutsche Reich betreffende, **geheime Artikel** angehängt seyen, die auf dem Kongreß zu Rastatt, erörtert, oder vielmehr unter vorhergegangenen hergebrachten Zeremonien *publicirt* werden würden. Wie wäre es möglich, die Integrität des deutschen Reichs mit der Abtretung mehrerer zum deutschen Reich gehörigen Provinzen, als die Niederlande, das Breisgau, u. s. w. zu vereinigen? Ob es übrigens in des Kaisers vom deutschen Reich nach einem zuvor beschwornen **Staat** erhaltenen Macht, gestanden seye, einseitig und ohne Einwilligung des deutschen Reichs Provinzen, obgleich seine eigene Provinzen, abzutreten? Diese staatsrechtliche Frage, die in der Antwort ziemlich unzweideutig für das deutsche Reich ausfallen dürfte, zu erörtern, ist hier der Ort nicht.

Indem nun die konstitutionsmäßige allgemeine deutsche Reichsgesandtschaft, und die Gesandten der einzelnen deutschen Stände in Rastatt versammelt sind, um mit den Gesandten der französischen Republik, einen soliden Frieden zu schliessen, so leben wir gegenwärtig allerdings in einem wichtigen Zeitpunkt, der uns zu Hofnungen und Erwartungen berechtigt, die vielleicht unsere Vermuthungen und Träume von dem, was geschehen, und nicht geschehen dürfte, übertreffen. Niemand wird es daher einem deutschen Patrioten übel nehmen, wenn er gegenwärtig alle seine politische Blicke auf Rastatt hinrichtet, und in Versuchung geräth, die Aufmerksamkeit mehrerer seiner Landsleute durch seine Vermuthungen dahin zu ziehen. Es kann doch in der That nicht unangenehm seyn, in der Meinung zu stehen, wir seyen die Haupt-Triebfedern, die eine große Wirkung hervorgebracht haben, sollten wir auch nachher erfahren, daß wir nur die Maschiene waren, die höhere Wesen regiert haben, so wird uns die wirkliche obgleich für uns nachtheilige Bewunderung weniger betrüben, als daß wir so sonderbar aus unserem Irrthum herausgerissen wurden.

Beim ersten Blick auf den Kongreß in Rastatt, muß einem die traurige Rückerinnerung auffallen, wie in jenen alten Zeiten, wo noch Einfachheit der Sitten und deutsche Biederkeit herrschte, wo der Fürst Vater seines Volks war, und der Adel nicht zur Regierung, sondern zur Vertheidigung des Vaterlands, gebraucht wurde, in solchen wichtigen Angelegenheiten, die das Wohl des ganzen deutschen Vaterlands betrafen, selber in Person, im Gefolge ihrer Ritter, zur Sicherheit und zum Ansehen ihrer großen Aemter, die sie bekleideten, und in Gesellschaft ihres einzigen Kanzlers und eines Schreiberknechts, zu Berathung in politischen Dingen, zusammen traten, da aufrichtig, von Herz zu Herz mit einander sprachen, und an keine langwierige, verstellte, politische Unterhandlungen dachten, sondern nur zwei Fälle kannten, entweder Güte, oder das Schwerd, und beide in der möglichst kurzen Zeit und Kostenaufwand entschieden werden mußte. Wie Ehrfurcht einflössend würde nun eine solche ehrwürdige Versammlung in Rastatt seyn, wie sehr würde Bonaparte und die übrigen französischen Abgesandten, die großen, deutschen Männer mit Muth, und Kraft und Vaterlandsliebe ausgerüstet, anstaunen, und wie ganz anders würde ihr Vortrag ausfallen, wenn die Neufranken beim ersten Anblick wahrnähmen, daß sie Felsen vor sich hätten, woran ihre Pfeile abprellen, und Feuer, das ihre übermächtige, und nicht allein Deutschland, sondern Europa unterwerfende Politik, verzehren würde.

A 5

Wie ganz anders ist das Bild, das wir in unseren Tagen entwerfen müssen. Von den bösen Fürsten wollen wir gar nicht reden. Aber auch die guten, die besten Fürsten, sind selten mehr, was sie ehemals waren, und was sie seyn sollten. Von ihrem adelichen Hofgesinde Tag und Nacht umgeben, das weder Vaterland noch Mitbürger anerkennen will, betrachten sie sich nicht mehr als Vater der großen Staatsfamilie, nicht als Repräsentant ihres Volks, nicht als ersten Staatsdiener, sondern glauben, es sey eine weit größere Ehre, hoch erhaben über die ihnen untergebene Staatsbürger, in deren Namen sie doch die Staatsgewalt ausüben, abgesondert von ihnen im Zirkel einer Menschengattung, die ein Mittelding zwischen Fürst und Bürger ist, ihrem eigenen Interesse zu leben, und den Staat und alles, was darinnen ist, als angebohrnes oder wohl erworbenes Eigenthum zu betrachten. Ihr Staats-Interesse gründe sich nicht auf das Wohl der Staatsbürger, sondern auf ihr eigenes, obgleich meistens nur chimärisches und eitles Glück. Glanz und Gewalt halten sie für die zwei vorzüglichsten Eigenschaften desselben. Daher kann sie eine Quadratmeile Landes, mehr oder minder, stolzer oder geschmeidiger machen. Nur die wenigsten kennen den erhabenen und einzig wahren Satz in der Staatskunst, daß Menschen, denen man vorgesetzt ist, die möglichst vollkommene Glückseligkeit zu verschaffen, die wahre Größe eines Fürsten sey. Würden die

Fürsten die Wahrheit dieses Satzes fühlen, so würde wohl schwerlich einer sich zu vergrößern trachten, weil er zugleich fühlte, daß je mehr Menschen er zu regieren, oder was gleich viel ist, glücklich zu machen habe, desto schwerer ihm die Erfüllung seiner erhabenen Pflicht gemacht werde, aber jeder würde sich auch aus allen Kräften dagegen setzen, wenn ihm ein anderer die ihm anvertrauten Menschen mit ihrem Eigenthum entreissen wollte, und noch weit weniger würde sich einer dazu verstehen, sie mit dem Theil Landes, das sie bewohnen, und das ihnen, nicht dem Fürsten, gehört, gegen ein anderes ihm gelegeneres, ohne ihre Einwilligung abzutreten, oder wie jede andere leblose, oder zwar belebte, aber unvernünftige Waare zu vertauschen.

Es braucht nicht auf die Geschichte nachzuweisen, wie nach und nach der Luxus entstanden, wie die deutsche Fürsten Gradweise von der Arbeit ab, und zur Unthätigkeit gewöhnt, wie ihnen unmerklich die falsche Idee von Hoheit und Ehre, und der schiefe Begriff von Fürst und Unterthan beigebracht, und wie das alles großentheils durch den müßigen Adel bewirkt ward; es ist hinlänglich, daran zu erinnern, daß die gegenwärtigen Zeiten, in dieser Rücksicht sich zu den Zeiten unserer grauen Vor-Aeltern, verhalten, wie Tag und Nacht, und daß heut zu Tage, die meisten Fürsten in den wichtigsten politischen den ganzen Staat angehenden Dingen, wenig oder nichts, und in den meisten Ländern, der Adel durch Bürgerliche in ihrem Namen alles thut. Wir wollen uns also nicht wundern, wenn wir in Rastatt bei dem Friedens-Kongresse, ausser der französischen Gesandtschaft, und dem übrigen gelehrten bürgerlichen Gesandtschafts-Personale, ohne welches doch wohl schwerlich etwas Ganzes zu Stande kommen, und die Unterhandlung unmittelbar nach dem gewöhnlichen Zeremoniale, vielleicht stocken würde, blos stiftsmäßige adeliche Gesandten *) wahrnehmen.

Von dieser, vielleicht in eines manchen Augen, ziemlich unebenen Excursion, wollen wir uns nun wirklich nach Rastatt selber wenden, uns vorstellen, wie und was dort in Ansehung des deutschen Reichs unterhandelt werde, und uns einstweilen, bis wir das Wahre erfahren, mit Vermuthungen genügen. Wenn es wahr ist, daß ohnehin das gröste Glück der Sterblichen im Hoffen bestehe, so steht es auch diesmal in unserer Macht, uns so glücklich als möglich zu machen.

*) Mit Vergnügen muß jeder deutsche Patriot das öffentliche Verzeichnis der adelichen Gesandten in Rastatt lesen, wenn er so manchen unter ihnen wahrnimmt, der Adel des Geistes und Herzens mit dem Geburts-Adel verbindet; so wie es jeden Biedermann innig freuen muß, daß unter denselben einige sind, die ihr Kopf und Herz nicht ihre Ahnen geadelt hat. Dies zum voraus als Genugthuung für jene, die in obigem Texte zu bittere Vorwürfe gegen den Geburts-Adel zu finden wähnen.

Welche Menschen es auch seyen, wenn sie das erstemal zusammen kommen, wo, und unter welchen Umständen es auch seyn mag, pflegen sich gewöhnlich zu grüßen. Je verschiedener die Grade sind, zu denen sich zusammen kommende Menschen zählen, und je wichtiger der Gegenstand ist, warum sie zusammen kommen, desto feierlicher wird ihr Gruß. Er ist nun schon zu einem so hohen Grade gestiegen, daß man ihm den Namen aus einer fremden Sprache (Compliment, Visite,) giebt, und daß die Menschen, die so wichtige Sachen mit einander abzuthun haben, sich das erstemal weder sehen noch sprechen, sondern einander blos vor ihre Wohnungen fahren. Da es gar nicht gleichgültig ist, wer bei dem andern zuerst vorfährt, und oft die Grenzen der Gewalt bei zwei Mächten so fein gezeichnet sind, daß man nicht genau die höhere oder geringere, unterscheiden kann, und letzteres keine seyn will, so hat schon oft bei Friedens-Kongressen diese elende, nichts bedeutende Kleinigkeit, die Völker durch Verzögerung des Friedens hundert tausende gekostet. Daß das Zeremoniale auch in Rastatt werde beobachtet werden, können wir uns vorstellen. Obschon Frankreich über alle Kleinigkeiten sich erheben, und blos das Wesentliche zum Ziel gesetzt haben will, so scheint es eines Theils doch, als ob es als die erste Macht Europa's, für die sich die Republik nun hält, den andern Mächten nicht nachgehen wolle, andern Theils eben das thun zu müssen glaubt, was unter den andern kontrahirenden Theilen in der ganzen Form noch beibehalten ist. Man sagt sogar, daß wirklich schon etwas, was zum Zeremoniel gehört, beinah die Eröfnung des Kongresses verzögert hätte. Nebst den meisten deutschen Gesandten, waren nämlich auch die kaiserlichen, bis auf den Grafen von Metternich, in Rastatt, schon angekommen. Dieser muste in Augspurg so lange warten, bis Bonaparte auch in Rastatt eingetroffen wäre, da man in Wien glaubte, daß letzterer aus Italien einen Courier mit der Nachricht, wegen wichtigen Angelegenheiten seine Reise noch einige Tage verschieben zu müssen, blos darum übersandt habe, um den kaiserlichen Gesandten in Rastatt vorher ankommen zu lassen. Bonaparte, der wirklich in Italien wichtige Geschäfte gehabt haben mag, zeigte durch seine vorherige Ankunft in Rastatt, daß er an eine solche Kleinigkeit nicht gedacht habe. Und wie sollte er auch dies, er, der sich zu sehr bewußt seyn muß, wie überlegen er manchem an Geist, und vielleicht auch in Rastatt, wie in Udine, die Seele des Kongresses sey. So weit erstrecken sich die Kleinigkeiten der Menschen, daß man sich nicht schämt, ihnen einen Anstrich von Wichtigkeit und Größe zu geben.

Man sagt, daß das, was in Rastatt unterhandelt, und ausgemacht werde, zwischen

Oestreich und Frankreich bereits in den geheimen Artikeln ins Reine gebracht wäre. Diese Sage ist eben so wahrscheinlich, als die Meinung nicht ungegründet seyn dürfte, daß das, was Frankreich mit Oestreich zu Udine unterhandelt hat, vorher schon zwischen Preußen und Frankreich im Reinen war, obgleich sich mancher Oestreicher schmeichelt, daß unmittelbar nach dem Reichs-Frieden eine französisch-östreichische Armee über Preußen herfallen, und seine ganze Macht vernichten werde.

Dessen ungeachtet darf man fast wetten, daß, wenn es möglich wäre, den ersten Unterhandlungen in Rastatt heimlich zuzuhören, wir von kaiserlicher Seite ungefähr folgenden Vortrag vernehmen würden:

Es seye reichskundig, welche Anstrengungen und ungeheure Aufopferungen der Kaiser während dem Laufe dieses nun geendigten Krieges, und zwar nicht allein zur Vertheidigung seiner Erbländer, sondern vorzüglich auch zur Beschützung und Erhaltung des deutschen Reichs, den auf sich habenden Pflichten gemäß, gemacht habe, während die vorzüglichsten deutschen Reichsstände ihn verlassen hätten; eben so bekannt seye es, daß der Kaiser alle mögliche Anträge, auf Kosten des deutschen Reichs schon vor Jahren einen für ihn äusserst vortheilhaften Frieden zu schliessen, verworfen habe; wie nicht minder, daß der Kaiser eben sowohl, ja noch leichter einen Separat-Frieden hätte schliessen können, wenn es ihm an dem Wohl des deutschen Reichs nicht eben so sehr, als an seinen Erbländern gelegen wäre, statt dessen habe er lieber seine eigene Angelegenheiten zu berichtigen erschwert, und sowohl in den Präliminarpunkten, als in dem Definitiv-Frieden Reichsväterlich des deutschen Reichs gedacht, und es dahin gebracht, daß bei einem künftigen Reichsfrieden, als Basis, die Integrität des Reichs angenommen werden müsse.; ja der Kaiser habe zur Erhaltung des deutschen Reichs nicht allein sich mit einer freundschaftlichen Unterhandlung verwendet, er habe noch mehr gethan, und zu diesem Ende so gar eigene, ihm nicht weniger theuer gewesene Provinzen durch Abtretung aufgeopfert; niemand, wer auch nur einigermaßen billig denke, werde daher in Abrede ziehen, daß er den ersten und gerechtesten Anspruch wegen den vielen Aufopferungen für das deutsche Reich, auf eine billige Entschädigung an dasselbe machen könnte. Weit entfernt aber so etwas dergleichen nur zu wünschen, entsage vielmehr der Kaiser mit seiner gewöhnlichen Großmuth und Gerechtigkeitsliebe allen Ansprüchen und Entschädigungen vom deutschen Reich, und erkläre hiemit, daß er mit den durch den Frieden zu Udine gemachten Acquisitionen, und mit dem Bewußtseyn, ganz als Reichsoberhaupt seine Pflichten erfüllt zu haben, vollkommen zufrieden seye, und trage daher auf den Status quo, so viel es nämlich nach den gegenwärtigen Umständen möglich sey, und auf die ungeschmälerte Integrität des deutschen Reiches, hiemit an. Da

Da dieser Vortrag des kaiserlichen Gesandten allerdings reichsverfassungsmäßig wäre, denn daß er am Schlusse ein wenig hinkt, daran sind die Umstände Schuld, so könnte es nicht anders seyn, als daß sowohl die Reichsdeputation und die andern deutschen Gesandten, diejenigen ausgenommen, deren Herren durch den Krieg Länder verlohren haben, die der Republik schon einverleibt sind, besonders aber die Geistlichen vollkommen damit zufrieden seyn, und schon zum voraus im Geiste dem Reichsoberhaupt, das fortwährend so väterlich für das deutsche Reich zu sorgen sich erbietet, aufs innigste danken würden. Daß einige auch unter den Gesandten seyn möchten, die diesem ungeschminkt scheinenden Vortrage nicht recht trauen wollen, und gerne sogleich ihre Zweifel dagegen anbringen würden, wenn die Reihe schon an ihnen wäre, das ist freilich auch nicht zu läugnen. Der preußische Gesandte würde gleichgültig lächeln, Bonaparte aber entweder selber, oder durch eines seiner Organen, würde ungefähr also sich hören lassen:

Frankreich hat mit dem deutschen Reich eigentlich niemals Krieg geführt. Die Republik muste blos durch Vertheidigung die Angriffe von sich abzuwälzen suchen, die einige Reichsfürsten gegen sie gewagt haben. Und hätte auch ein Krieg zwischen beiden Völkern statt gehabt, so würde die Vereinigung um so leichter seyn, je mehr sie die natürliche Nachbarschaft zu einem gemeinsamen Interesse und zur innigsten Freund-

B

schaft einladet. Frankreichs Bevollmächtigte sind vielmehr als Vermittler und Rathgeber anzusehen, um die deutsche Verfassung mehr consolidiren zu helfen, und ihr mehr Energie und Selbstthätigkeit zu geben, als wie Botschafter, zwischen Deutschland und Frankreich einen Frieden zu schliessen, da kein vollständiger Krieg vorangegangen ist. Da sie indessen einmal in dieser Eigenschaft da, und als solche von dem Kongreß anerkannt sind, so wollen sie als beide zugleich handeln, und ihre Gesinnungen eben so unverholen und ohne Schminke offenbaren, als man in ihren bisherigen Friedens- und Freundschafts-Traktaten bei ihnen wahrzunehmen, Gelegenheit hatte, und es wahren Republikanern ohnedies ziemt.

Was die französische Republik selber betrift, so wünscht das Vollziehungs-Direktorium im Namen der Republik, daß der Rhein in Zukunft zwischen Frankreich und Deutschland die Grenze sey. Der Rükblik auf den ehmaligen Umfang Galliens und die Natur rechtfertigen diesen auf Gerechtigkeit gestützten Wunsch, und die Bevollmächtigte sind deshalb von ihrer Regierung beauftragt, davon in keinem Falle abzugehen.

Da nun durch die Rheingrenze die drei geistliche Churfürsten von sich selber wegfallen, der Herzog von Pfalzzweibrück sein ganzes Land, der Herzog von Wirtmberg Mömpelgart und zwei Herrschaften im Elsaß, so wie mehrere deutsche Reichsfürsten ihre Besitzungen auf dem linken

Rheinufer theils ganz, theils Stückweise verlieren, so folgt unmittelbar hieraus, daß, da die Integrität des deutschen Reichs als Grundlage angenommen werden solle, die Integrität aber nach der Form und der zur deutschen Constitution gehörigen Hauptpersonen, nicht aber nach dem geographischen Umfang, interpretirt werden muß, weil dies ohnehin wegen den bereits der Republik Frankreich einverleibten Ländern eine absolute Unmöglichkeit wäre, daß die deutschen Reichsfürsten, die zur Verfassung wesentlich nothwendig sind, entschädigt werden müssen.

Und da ferner der Republik Frankreich diesmal an ihrem eigenen Interesse weniger, als an dem künftigen Wohl ihrer deutschen Nachbar gelegen ist, so kann ihr nicht allein daran genügen, daß Einzelne wegen ihrem Schaden entschädigt werden, sie macht es sich auch theils zur Pflicht, theils zum wahren Vergnügen aus allen Kräften mitzuwirken, daß das Ganze die Wohlthat einer weisen und angemessenen Veränderung empfinde, und eine gewisse Art von Reformation, ohne Revolution anzurathen, wodurch sie glaubt, daß allein der gänzliche Umsturz eines so alten Gebäudes, wie die deutsche Reichsverfassung ist, verhütet werden könnte.

Das französische Direktorium im Namen der französischen Republik, läßt daher durch ihre Abgeordnete den Gesandten des deutschen Reichs folgendes vorschlagen:

1) Der Rhein soll die Grenze zwischen Deutschland und Frankreich seyn, wo es hernach denen auf dem linken Rheinufer liegenden Einwohnern frei stehen solle, ob sie der französischen Republik einverleibt werden, oder eine eigene Republik ausmachen wollen.

2) Das deutsche Reich soll seiner hauptsächlichen Form und dem Wesen nach, einige nothwendig scheinende Abänderungen, ausgenommen seine Integrität behalten.

3) Statt der drei schon durch veränderte geographische Lage von selber eingehenden geistlichen Churfürsten, sollen drei andere, aber weltliche zu dieser Würde erhoben werden, nämlich Braunschweig, Wirtemberg und Cassel.

4) Die geistlichen Fürsten, Bischöffe, Prälaten u. s. w. auf dem rechten Rheinufer bleiben in ihrer Eigenschaft als geistliche Bischöffe, aber sie hören auf, zugleich weltliche Fürsten und Herren zu seyn. Sie sollen künftig vom Landesherren ernannt und besoldet werden, und auch unter demselben, nicht aber weder unter einem Erzbischof, noch unter dem Pabst zu Rom, stehen.

5) Die Länder und Besitzungen der geistlichen Fürsten, Prälaten ꝛc. ꝛc. sollen an diejenigen weltlichen Fürsten verhältnismäßig vertheilt werden, die durch den Krieg und die Veränderung der alten Dinge Länder und Besitzungen ver-

lohren haben. Zu diesem Ende soll sogleich aus allen anwesenden Gesandten eine Deputation (Comité) erwählt werden, die in möglichst kurzer Zeit ein Vertheilungs-Projekt entwerfe, und allen Gesandten zur Genehmigung vortrage. Damit ihr das Geschäft erleichtert werde, so sollen alle, die etwas verlohren haben, ihren Verlust sowohl, als ihre Ansprüche und wünschende Schadloshaltung bei ihr einreichen.

6) Die drei eingehende geistliche Churfürsten müssen lebensländlich von denen, die ihre Länder erhalten, anständig pensionirt werden.

7) Alle Reichsstädte sollen eingehen, und den Fürsten zufallen, in deren Territorium sie liegen. Davon sind ausgenommen: Hamburg, Bremen, Lübeck, Wezlar, Frankfurt, Regenspurg, Augspurg und Ulm. Einige von diesen darum, damit das Reich in unglücklichen Zeiten theils neutrale Depots, theils allgemeine Leihbänke habe, Regenspurg aber zum Sitz der Reichsversammlung, Wezlar zur Residenz des Kammergerichts, und Frankfurt und Ulm zu Reichsfestungen aufbewahrt bleiben. Hingegen sollen ihre in schädliche Aristokratie ausgeartete Verfassungen gereinigt, und dem wahren Geist der republikanischen Verfassung näher gebracht werden.

8) Die Existenz der Reichsritterschaft soll aufhören. Die Reichsritter verlieren folglich

alles, was zur Landes- und Territorial-Hoheit gerechnet wird. Ihre liegende Güter und Grundgefälle behalten sie, jedoch letztere nur, wenn der Landesherr ihnen keine Entschädigung dafür giebt. Sie selber sind Vasallen und Unterthanen vom Landesherrn, in dessen Gebiet sie liegen.

9) Die Grafen soll ein gleiches Schicksal treffen, da es mit einem geläuterten Staatsrecht schlechterdings unvereinbar ist, daß Staaten im Staate seyen.

10) Es sollen folglich in Zukunft der Prälaten-, Grafen- und Städte-Bank auf der allgemeinen Reichsversammlung aufhören. Sie werden jeder vom Landesherrn vertreten, in dessen Territorium seine Güter liegen. Je einfacher eine Verfassung ist, desto solider und daurender ist sie, desto glücklicher macht sie Regierung und Unterthanen.

11) Auch bei denjenigen Fürsten, die gar nichts verlohren, und also keine Ansprüche haben, sollen durch gegenseitige Abtretungen, Austauschungen und Grenzberichtigungen, Veränderungen mit ihren Ländern vorgehen, wobei der Zweck eine bessere Arrondirung seyn solle. Es ist immer den Regierungen lästig und verdrüßlich, und den Unterthanen schädlich, wenn die Besitzungen zerstreut, und in einander versteckt liegen.

12) Es sollen künftig nicht mehr zehen, sondern nur so viel Kreise in Deutschland seyn, als Churfürsten sind. In jedem dieser Kreise soll der Churfürst Direktor seyn. Die Kreiskonvente sol-

len in Zukunft, einfacher, nicht so häufig und nicht mehr so kostspielig seyn.

13) Nur die Chur- und solche Fürsten, die im Stande sind, wenigstens 1500 Mann Haustruppen zu halten, sollen künftig das Kreis-Militär stellen. Die übrigen Stände zahlen es entweder mit Geld, oder liefern ihre betreffende Mannschaft zu dem churfürstlichen Militär ab, in dessen Kreise sie liegen.

14) Sonst soll die bisherige Reichsverfassung in ihrem Wesen bleiben, insofern sie bei vorkommenden Fällen noch anwendbar ist.

Das französische Direktorium glaubt, nur durch solche Veränderungen, die der Gerechtigkeit, der Politik, und dem gegenwärtigen Zeitalter angemessen wären, könne die deutsche Constitution erhalten, und Deutschlands Völker ihrem wahren Glücke näher gebracht werden. Es erklärt also wiederholt, daß es aus Grundsätzen, theils von einigen Vorschlägen nicht abweichen könne, theils daß es zu Ausführung der übrigen seinen vollständigen Beistand anbiete. Uebrigens müsse die französische Gesandtschaft noch zum Ueberfluß hinzufügen, daß die republikanische Armee Deutschlands Grenzen so lange nicht verlassen werden, als das Wesentliche von dem so eben vorgelegten Plan von dem Kongresse nicht beliebt, und nicht vollzogen worden wäre.

Man kann sich vorstellen, daß dieser dem größten Theil der Gesandten so ganz unerwartete Vortrag die gröste Sensation erregen würde. Die Reichsdeputation würde, vom grösten Erstaunen hingerissen, ihre Häupter emporheben, einander bedenklich ansehen, sich selber unverständliche Worte zulispeln, und besonders der Mainzische Gesandte sich aus allen Kräften und mit der grösstmöglichsten Anstrengung seiner Beredsamkeit, dagegen sträuben, endlich aber, wenn er gewahr würde, daß man seiner Einwendungen müde, und er an den theils gleichgültigen, theils fest verneinenden Mienen der Gesandten erster Mächte, denen jener Vortrag nicht so ganz fremd seyn möchte, sähe, daß seine Rede mit häufigen Citaten aus dem deutschen Völker- und Staatsrecht, aus dem Westphälischen und Osnabrückischen Frieden, aus der ganzen Reichsverfassung und Herkommen gefüllt, doch nicht viel fruchten würde, so würde er endlich damit schliessen, daß er nicht einwillige, sich protestando verwahre, und sich nicht allein auf Kaiser und Reich, sondern auch diejenigen fremden Mächte berufe, die die Garantie des deutschen Reichs übernommen hätten. Die übrigen reichsfürstlichen Gesandten, denen der 3, 4, 5, und 7te Punkt des Vortrags, nicht ganz unangenehm zu vernehmen gewesen, weil sie daraus abnehmen könnten, daß dabei wenigstens nichts zu verlieren, aber etwas zu gewinnen wäre, und die strikte genommene Integrität ihnen um der 3 geistlichen Churfürsten willen, eben nicht sonderlich am Herzen läge, würden nun, da sie während dem Mainzischen Vortrag Zeit sich zu besinnen hätten, mit ihren vorgehabten Einwendungen zurückhalten, und blos zweideutige Erklärungen abgeben, aus denen zum Theil ihre Wünsche, zum Theil ihre Verwahrungen vor allem daraus entstehenden Nachtheil ihrer Prinzipalen, abzunehmen wäre. Nur würden einigen Gesandten, und namentlich dem Hessenkasselischen, die Ausnahme der sieben Reichsstädte, nicht gefallen, indem er meinte, daß die angegebenen Gründe theils unzureichend, theils unpolitisch wären, oder daß man sie wenigstens der Landeshoheit desjenigen Fürsten, dessen Länder ihre Gebiete umschlössen, unterwerfen könnte. Was man übrigens nicht glauben sollte, das würde geschehen. Der 8te Punkt, der dem Daseyn der Reichsritterschaft sein Grab bereitet, und eine wahre Wohlthat nicht allein für die Reichsverfassung, sondern auch für einen nicht unbedeutenden Theil des menschlichen Geschlechts wäre, würde demnach der gröſten Schwierigkeit unterworfen seyn. Der Grund läge nicht in den Fürsten, deren Vortheil es wäre, sondern in ihren Ministern und Abgesandten, wovon wenigstens der, der die Gesandtschaft dirigirt, einer von Adel ist. Aber auch dieser Punkt würde ohne Zweifel durchgehen, da Frankreich nicht nachgäbe, und Preussen es aus allen Kräften unterstützte. Aber alsdenn würde der Reichsritterschaftliche Gesandte, der kein anderes als usurpirtes und erschlichenes Recht, wie die Rechte der Ritterschaft beinah alle sind, beim Congresse hat, und mehr als Beobachter und äusserster Punkt vom Schweife des Kaiser lichen Gesandtschafts-Cometen sich in Rastatt aufhält, halb ohnmächtig davonschleichen, und mit dem lezten Ueberblik auf die herrlichen Privilegien und Vorrechte der Ritterschaft, weinend auf sie Verzicht thun. Der Oestreichische Gesandte würde sich jezt gleichfalls erheben, auf die Integrität des Reichs antragen, dabei aber hinzusezen, daß, wenn es ja nicht anders thunlich seyn sollte, man auf den darauf entspringenden doppelten Nachtheil des Hauses Oestreich nothwendig zuerst Rücksicht nehmen müste, und man es am füglichsten mit Bayern, dem Churfürsten von Pfalzbayern, oder seinen Nachfolger aber mit bisherigen geistlichen Ländern entschädigen könnte; wo, um diese Ausgleichung zu erleichtern, das Hauß Oestreich gar gerne das seinige dazu beitragen, und etwa das Vorderöstreichische zu diesem Endzwek abtreten wollte. Dieser Gesandte würde seinen Gegenstand ohne Zweifel noch des Breitern ausführen, wenn ihm nicht der Preusische Gesandte nun in die Rede fallen, und das Wort nehmen würde. Dieser würde wahrscheinlich im Anfange zwar auch auf die Integrität des Reichs antragen, aber hinzusezen, daß, so der Status quo, unter dem doch die eigentliche Integrität verstanden wäre, nicht konvenable seyn würde, welches er allerdings nach dem, wie die Lage der Sache einmal stünde, selber zugeben müste, er unter Voraussezung gewisser Modifikationen gegen den französischen Vortrag im Ganzen nichts einwenden würde; hingegen seye er beauftragt, vor allen Dingen gegen einen Austausch von Bayern an das Hauß Oestreich aus allen Kräften zu protestiren, indem dieses, wenn er ja noch gerechte Ansprüche auf Schadloshaltung hätte, allenfalls mit Salzburg, Passau und einigen andern der neu angenommenen Integrität unschädlichen Acquisitionen zufrieden seyn könnte, und daß er zuvor schlechterdings in nichts einwilligen dürfte, ehe dieser Punkt berichtigt, und das Hauß Preussen für gehabte Kriegskosten, und für die kostspielige Erhaltung der Ruhe in Norddeutschland entschädigt, und ihm seine gerechten Ansprüche im fränkischen Kreise auf das Eichstädtische, mehrere Reichsstädte und die Reichsritterschaft bewilligt, und garantirt wären; und da das Preusisch Hauß alles dies unter dem Titel der Gerechtigkeit verlangen könnte, der Titel der Schadloshaltung aber noch nicht dadurch befriedigt seye, so hoffe er, daß dieses noch besonders geschehen werde, welches am leichtesten durch Wirzburg und Bamberg, und für die etwaigen Abtretungen, auf dem linken Rheinufer, mit geistlichen Besizungen im Westphälischen Kraise ausgeglichen werden könnte. Denn, würde dieser Gesandte schliessen, der Rastatterfriede müsse, wie ehmals der Westphälische, ein neues Grundgesez des deutschen Reiches werden, und es seye also nothwendig, darauf zu sehen, daß nicht allein Entschädigungen für einen gehabten Verlust ausgefunden werden, sondern daß auch die Haupt-Mächte Deutschlands an politischer Gösse einander näher gerükt würden, und man also das politische Gleichgewicht eben sowohl, als alle mögliche Ursachen zu einem baldigen Kriege aus dem Wege zu räumen, zur Absicht habe. Würde das nicht geschehen, so würde man das Preusische Hauß wider seinen Willen in die Nothwendigkeit versezen, Gebrauch von seinen ausgeruhten Truppen und seinem wohlgeordneten Schaze zu machen, da diese sonst nach dem preusischen Sistem nur zur Vertheidigung des Vaterlands und zur Unterstüzung der Staatsbürger gebraucht zu werden pflegen.

Noch kann man zwar nicht durch den dichten Schleier der diesmal bis jezt so ungewöhnlich verschwiegenen Staatskunst dringen. Aber aus allen Conjekturen, läßt es sich mit Wahrscheinlichkeit schliessen, daß auf dem Congresse zu Rastatt die bisher von uns berührten Punkte die Hauptgegenstände seyn, die freilich mit mehr oder wenigern Modificationen zur Sprache kommen, und, wie es sich von selber versteht, mit mehr politischer Feinheit, Gewandheit und Delikatesse, auch mit grösserer Zurückhaltung, der Gegenstand der Unterhandlungen seyn dürften. Auch das läßt sich mit vielem Grunde denken, daß die angeführten Gesandten, die Hauptrollen bei diesem grossen Schauspiele spielen werden, ob es schon nicht zu läugnen ist, daß auch andere Gesandten, Z. B. der, Schwedische, Russische und Hannöverische nicht ganz unbedeutende Zwischenspiele übernehmen werden. Daß aber endlich, nach vielleicht nicht so langwierigen Unterhandlungen wie manche denken, der Reichsfriede auf die von uns angenommene und der Französischen

Gesandtschaft in den Mund gelegten Vortrag, freilich nach manchen hizigen Debatten, und häufigen Courier-wechseln, durch gegenseitige Uebereinkunft geschlossen, dem fürchterlichsten aller Kriege auf dem festen Lande ein Ende gemacht, dem Deutschen Reich eine neue, dem jezigen Geist der Zeit angemessenere, einfachere und solidere Constitution und natürlichere Grenzen gegeben, ein besseres Gleichgewicht in Deutschland, und mittelbar dadurch in Europa hergestellt, und den ewigen Kriegen, den unauslöschlichen Brandmalen der Menschheit, wenigstens die nächsten Ursachen aus dem Wege geräumt, die Bahn zu einem bis jezt nur von Philosophen geträumeten ewigen Frieden gebrochen, der Weg zu dem durch den beispiellos geführten Kriege gänzlich unterbrochenen Wohlstand Deutschlands Bewohnern eröfnet, die gestokte Handlung, und unterdrückten Kunstfleiß und Wissenschaften wieder aufleben machen, nahe an einander wohnende, aber wegen ihren zu enge gezeichneten Grenzen einander fremde Menschen, zu Mitbürgern umschaffen, und dadurch das menschliche Geschlecht zu grösserer Einheit und Liebe und Theilnahme bringen, die allgemeinen Geseze geltender, und Deutschland allen seinen Bürgern zu einem gemeinsamen Vaterland machen, wo in Zeiten der Gefahr nur Eine Stimme seyn wird: für das Vaterland zu siegen oder zu sterben! daß alles dies und noch weit mehr, der baldige Reichsfriede beweisen möge, dies wollen wir wünschen und hoffen!

Wir wissen, daß Rußland von mehreren deutschen Reichsfürsten um die Garantie der Integrität des Deutschen Reichs angegangen worden ist, und daß Rußland, wenn wir den öffentlichen Nachrichten Glauben beimessen dürfen, ihren Wünschen entsprochen und die Garantie übernommen habe. Wenn diese versprochene Garantie einen Grund hat, so kann sie nichts anders heisen, als entweder der Russische Kaiser wird nicht zugeben, daß das deutsche Reich irgend einen ihm zugehörigen Theil verliere, oder er wird den Friedensvertrag zu Rastatt, worinn die Grenzen des deutschen Reichs bestimmt werden, garantiren. Da nun durch den Frieden zwischen dem Kaiser und Frankreich, die Integrität des Reichs schon zimlich gelitten hat, und dieses dem Russischen Cabinet eben so wohl, als uns, bekannt seyn muß, so können wir uns eigentlich nicht erklären, was es mit dieser Garantie für eine Bewandnis habe.

Weil uns aber die politischen Gesinnungen Rußland in Rücksicht des bevorstehenden Reichsfriedens, keineswegs gleichgültig seyn können, so wollen wir uns die Frage aufwerfen: ob wol Rußland einen Reichsfrieden nach dem Plan, wie ihn oben unsere französische Gesandschaft vorlegte, zugeben würde?

Rußlands äusseres Staats-Interesse, wie wir dafür halten, ist, die Pforte, wo nicht zu unterdrücken und aus Europa hinaus zu bringen, doch sie stets im Zaum zu halten; das kleine, aber muthige und unter einem Helden viel vermögende Schweden zu beobachten, und Dänemark gegen es im Mistrauen zu erhalten; Preusen und Oestreich immer gegen einander zu rivalisiren, und keines von beiden zu mächtig werden zu lassen. Deutschland hat für Rußland nur in dieser Rücksicht einiges Interesse, und kann ihm aus diesem Grunde, sein Vorwort nicht entziehen, da es wegen der Entfernung nur unter wenigen Umständen sich in der That seiner annehmen kann. Frankreich, England, und die übrigen Mächte Europa's, sind für Rußland blos in commerzial-Rücksichten merkwürdig, ob sie sich an Flächen-Raum vergrösern, oder vermindern, das scheint ihm gleichgültig zu seyn, welches einige wegen England, an Rußland tadeln wollen, da es hier ein anderes Verhältnis ist, und England, je mehr Inseln und Vorgebürge es an sich reißt, desto mehr andere Mächte, folglich auch Rußland, in Ansehung der Handlung von sich dependent macht.

Also blos in dieser Rücksicht, daß Oestreich und Preusen durch einen Reichsfrieden, wie wir ihn angenommen haben, ihre Macht auf Unkosten des deutschen Reichs vergrösserten, könnte man etwa annehmen, daß Rußland nicht einwilligen würde. Um Frankreichs Vergrösserung, so beträchtlich sie auch durch die Rheingrenze wäre, kann sich Rußland um seiner selbst willen, nie viel bekümmern, da es wol weiß, daß Frankreich disseits des Rheins keine Vorschritte mehr machen, und jenseits es ihm keinen Schaden, wol aber dadurch Nutzen gewähren wird, daß es künftig die deutschen Mächte, immer in einer Anstrengung und Spannung erhält, und überhaupt einst, wenn Deutschlands Naken vom Luxus vollends gebükt ist, eher Rußland es von Norden her, als Frankreich von Westen aus, verschlingen wird.

Daß übrigens Rußland bei einem solchen Frieden nicht ganz gleichgültig bleiben würde, ist zu vermuthen. Ob ihm aber seine gegenwärtigen Verhältnisse gestatteten, sich wirksam dagegen zu sträuben? Ist eine aus der ersten entspringende, und diese zugleich zu beantwortende Frage.

Auch in Rußlands ungeheurem Umfange, so heterogen, so wild und ohne Kultur der gröste Theil seiner Bewohner auch noch ist, wehr dennoch hier und da schon der Geist der Zeit, und er weht da wahrlich nicht wie Zephire säuseln, sondern wie Orkane stürmen. Und wenn dieses politische Phänomen auch nicht schon in diesem eiskalten für uns mildere Gegenden gewohnte Weltbürger schauerlichen Lande sichtbar geworden wäre, so ist es doch zu regieren, und die Unterthanen dem aufgeklärten Geiste des Monarchen und der Regierung immer mehr zu nähern, ein solches gewagtes Stück Arbeit, daß es gar wol das Tagwerk eines

Menschenalters abgibt, ohne die kostbare Zeit noch mit fremden Arbeiten zu unterbrechen.

Dies ist in Rußland der fall in gewöhnlichen Zeiten. Aber Paul I. hat sich durch seinen strengen, geraden und der Verstellung unkundigen Charakter, durch das rasche Verfahren gegen die mächtigen Lieblinge Catharina II. durch Verachtung der Schlüche und Ränke und Unwissenheit der Hofschranzen, und den gestatteten freien Zutritt seines Volks, sein Stükchen Arbeit so sehr erschweret, daß er bald einsah, was er von Joseph II. schon hätte bereien sollen, es sine besser, einen Wespen-Schwarm zu zernichten, als dummheit und Bosheit um den Thron her gelagert, mit Machtsprüchen aus dem Wege zu räumen, und daher genöthigt ward, statt vorwärts, wieder rükwärts zu gehen, und sich Menschen anzuvertrauen, die kein Vertrauen in ihn sezen, weil sie wissen, daß er sie nicht aus Neigung, sondern aus Drang der Umstände wieder in ihre vorigen Posten einsezte. Sollte also bei diesen Umständen Rußland gegenwärtig etwas nach auffen zu unternehmen können?

Die Natur der Sache bringt es mit sich, daß der Reichsfriede, sey es auf welch eine Art, nie geschlossen werden könne, ohne Einwilligung von Seiten Preußens und Oestreichs. Wenn er also zu Stande kommt, und Rußland wollte

C

ihm seine Einwilligung auf eine thätliche Weise versagen, so hätte es die Sache nicht allein mit Frankreich, sondern auch mit Oestreich und Preusen abzumachen. Da es aber scheint, als ob Paul I. in der Hauptsache dasselbe politische Sistem, blos mit mehrerer Hinneigung nach Preusen, habe, was Catharina II. während dieses Kriegs beobachtete, und dieses in der Politik wirklich grose und unerschöpfliche Weib, es in günstigen Zeiten für sich nicht räthlich fand, an dem Kriege Theil zu nehmen, warum sollte nun Paul I. in ungünstigern Umständen ein entgegengesejtes Sistem annehmen, und um einiger geistlichen Fürsten willen, viel zu wagen, wo nichts für ihn zu gewinnen ist? Ueberdies würde durch einen solchen von uns gedachten Frieden Oestreich in keinem fall, es möchte auch noch so vortheilhaft für es ausfallen, mächtiger werden, als es vor dem Kriege war, da es viele Schadloshaltungen bekommen muß, wenn es nur an Länderbesiz wieder das erhalten will, was es hatte; der ungeheuren Schuldenlast, die es sich auf den Hals lud, nicht zu gedenken. Preusen würde hingegen an wahrer Macht zunehmen, und da dies zu Rußland Staatsinteresse gehört, so kann man eher glauben, daß es einen solchen frieden begünstigen, als ihn erschweren werde.

Es läßt sich demnach aus all diesem schliesen, daß sich zwar Rußland beim Congresse in

Rastatt für die Integrität des deutschen Reichs verwenden werde, daß es aber nicht wahrscheinlich sey, dem allgemeinen Reichsfriedensschluß, er möge auch ausfallen, wie er wolle, mit Macht sich entgegen zu sezen, vielmehr am Ende seine Einwilligung zu geben, und Garantie bei demselben zu leisten.

Wenn wir aus dem Rükmarsche der ganzen kaiserlichen Armee, aus der Besiznehmung aller disseits des Rheins liegenden Reichsfestungen, durch Reichstruppen, und aus den Maasregeln, die die Franzosen am linken Rheinufer nehmen alle Augenblike mehr die Ueberzeugung erhalten, daß in Zukunft der Rhein die Grenze zwischen Frankreich und Deutschland seyn werde, so kann es unmöglich einem ächten Deutschen gleichgültig bleiben, zu wissen: **was das deutsche Reich durch die Rheingrenze gewinne, oder verliere?**

Wenn wir das ehmals so heilige Wort, **Deutsches Reich**, in Mund nehmen, so dürfen wir es nicht mit dem allgemeinern Worte, **Deutschland**, vermengen. Einem grosen Theile Deutschlands möchte es vielleicht gleichviel seyn, ob der Rhein, oder die Maas, oder die Schelde die Grenze sey, nicht so aber dem deutschen Reiche, einem ganz eigenen Staat, der unter einem durch Reichsstände und Grundgeseze eingeschränkten Oberhaupt, die mächtigste Republik in Europa bilden könnte, so bald das Oberhaupt und die Reichsstände nur wollten.

Wir können weder dem Verlust, noch den Gewinn, denn die Rheingrenze bewirken wird, bestimmen, so wir nicht zu vor einen Blik auf die Vortheile und Nachtheile werfen, die die zu dem deutschen Reiche gehörigen Provinzen jenseits des Rheins ihrem Mutterlande gewährt haben.

Durch die zum theil allerdings bedeutenden Reichsstände jenseits des Rheins ward auf dem Reichstage zu Regenspurg in allgemeinen und wichtigen Angelegenheiten, das Interesse des deutschen Reichs eher von allen Seiten beleuchtet, und dem über seine Mitstände emporstrebenden mächtigern Reichsstande, es wo nicht unmöglich gemacht, doch allezeit sehr erschwert, etwas zu seinem Vortheil, und zum Nachtheil des Reichs durchzusezen.

Die nach der Reichsmatrikul umgelegten Beiträge der überrheinischen deutschen Reichsstände gereichten, so unbedeutend sie im Ganzen seyn mochten, wenigstens dem deutschen Reiche nicht zum Schaden, und dürfte doch das Reichskammergerichtliche Personale, so lange sie noch eingezogen werden konnten, nicht öffentlich seinen Mangel gestehen, woran freilich auch der leidige Krieg, und die Zahlungsnachläsigkeit oder Unfähigkeit anderer Stände mitwirken mag.

So verächtlich die deutsche Reichsarmee immer gewesen, und so ungeschickt sie sich in allen Reichskriegen betragen hat, so muß doch jeder Unpartheyische gestehen, daß die überrheinischen Contingente, und vorzüglich das Mainzische im lezten Französischen Kriege, sich besser als andere ausgezeichnet haben, sey es, daß sie beinah in allen Kriegen mehr Interesse, oder daß sie mehr Heldenmuth und Vaterlandsliebe, oder überhaupt andere stärkere Beweggründe zu ihrer ehrenvollen Aufführung hatten.

Die dutschen Provinzen jenseits des Rheins sind immer als eine Vormauer gegen Frankreichs nur zu oft übermütige Anmasungen betrachtet worden, und sind es auch allezeit gewesen. Vermög ihres fruchtbaren Bodens, und ihrer gewerbsamen Einwohner, auch ihrer übrigen vortheilhaften Lage, sind sie noch überdies niemals, auch nach den zerstörendsten Kriegen, dem deutschen Reiche wegen etwa verlangter Beihülfe, lästig gewesen, sie haben sich stets selber wieder aus ihrem Ruin erhaben, und sich wie aus einem Schifbruch entkommene Kinder an ihre Mutter angeschlossen, und durch ihren fleiß ihr ihre Unterstüzung zukommen lassen.

Durch die überrheinische deutsche Provinzen, und dadurch, daß wenigstens der Niederrhein ganz unter deutscher Hoheit stand, wuchs dem deutschen Reiche der so grose Vortheil zu, daß die Handlung aus und nach Holland, Aus- und Einfuhr, unmittelbar getrieben werden konnte. Der beträchtlichen, deutschen Ständen zugeflossenen Zöllen und anderer aus der Handlung entspringenden Vortheilen, nicht zu gedenken.

Gegen diese, in Hinsicht auf den alten Zustand des deutschen Reichs, angeführte Vortheile, läßt sich etwa nur folgendes als daraus entsprungener Nachtheil aufzälen.

Nur zu oft, und dann gerade in den wichtigsten Angelegenheiten des deutschen Reichs, hat es sich gezeiget, daß die drei geistlichen Churfürsten, auf dem Reichstage nicht für das allgemeine deutsche Reichs-Interesse, sondern für das Interesse des Hauses Oestreichs sprachen und stimmten. Dieser Schaden war um so gröser, da einer derselben, Kraft seines reichsgesezlichen Amts als Direktor, und mit den andern, als mächtigere Stände, auf die kleineren und zum Theil in ihrem Territorio liegenden Stände, nicht geringen Einfluß zu verschaffen, und ihre Stimmen zu ihrem und des östreichischen Hauses Vortheil zu leiten wusten. Wenn sie schon durch ihren Eifer für das Hauß Oestreich, diesem selber oft mehr schadeten, als nuzten, und dadurch, daß sie die andern Stände aufmerksam machten, und aus ihrem Schlummer wekten, dem Kaiser manches schöne Vorrecht verlohren, oder in die Vergessenheit über

gieng, so ward dadurch doch auch Uneinigkeit
o t Zwitracht, stets aber Eifersucht erregt, und
der Deutschen Freiheit die Art zu ihrem künftigen Umsturz hingeworfen daß die drei geistlichen Churfürsten zu dem kaum geendichten
Kriege, der für das deutsche Reich ein so trau-
riges und Demütigendes Ende genommen, die
Hauptsächlichste Veranlassung gegeben, ist welt-
kundig. Ob sie daher ihr wahrscheinlich bald
sich entwikelndes Schicksal sich selber zubereitet,
und ob sie es verdient haben, dies zu entschei-
den, wollen wir den beiden unpartheyischen
Richtern, der Geschichte und der Nachwelt an-
heim stellen.

Die deutschen Provinzen jenseits des Rheins,
oder vielmehr ihre Regierungen, waren sehr oft
direkte Ursache zu verderblichen Reichskriegen
mit Frankreich. Wenn sie einen ungeschikten
politischen Streich begiengen, der seinen Ur-
sprung in dem Eigensinn eines Fürsten oder seines Ministers hatte, oder wenn sie der feinen
französischen Politik nicht mit gleicher Feinheit
aus zuweichen wusten, so verstanden sie das
Reich um so leichter zu überreden, daß es seine
Pflicht sey, ihre gemachten Fehler wieder gut
zu machen, oder überhaupt sich ihrer thätlich
anzunehmen, als es ihnen nicht schwer werden
konnte, das Hauß Oestreich, oder eine andere
Macht mit in ihr Interesse zu ziehen. Diese
Mächte, um sich an Frankreich zu rächen, ga-
ben denn vor, daß sie dem Reiche beispringen
wollten, und halfen es verderben.

Aber auch indirekte durch die Lage dieser Provinzen, ward das deutsche Reich nicht wenig im Kriege mit Frankreich verwikelt. Wenn eine östliche, oder nördliche Macht, oder auch die mit dem deutschen Reich so genau verbundene, obgleich jenseits des Meeres liegende englische Macht, mit Frankreich sich in einen Krieg einließ, so war es immer von Seiten Frankreichs das erste, daß es seine Heere in diese deutsche Provinzen vorrüken und sie aussaugen ließ. War auch das deutsche Reich in einem noch so friedlichen Verhältnisse mit Frankreich, und hatte es sonst keine Ursache, mit dieser Macht sich in einen Krieg einzulassen, so war es nun vermög der deutschen Constitution verbunden, ihren Mitständen beizuspringen, und einen kostspieligen Krieg zubeginnen, dessen größte Lasten allezeit auf die Schultern des deutschen Reichs gewälzt wurden.

So unvollkommen die bisherige bemerkungen sind, denn Vollständigkeit ligt ausser unserer Absicht, so werden wir doch nun um so leichter im Stande seyn, die frage zu erörtern, was das deutsche Reich durch die Rheingrenze verliere, oder gewinne?

Das deutsche Reich verliert durch die Rheingrenze an flächenraum ungefähr 850 Q. M. und an Einwohnern, gegen 3 Millionen.

Das deutsche Reich verliert viele beträchtliche Grenzfestungen, worunter einige beinah unüberwindlich sind

Es verliert eine sehr beträchtliche Strekke Landes, das mit einem ausserordentlichen fruchtbaren Boden begabt ist, das die vortreflichsten Produkte aller Art hervorbringt, und den arbeitsame Einwohner immer noch mehr kultivirt haben.

Aber das deutsche Reich verliert alles dies nicht nur einmal, es verliert es doppelt, dadurch, daß durch dessen zuwachs, Frankreich gerade um so viel reicher und mächtiger wird.

Alle ostindische Handlungs Zweige, die bisher von den Deutschen unmittelbar in Holland geholt und dagegen entbehrliche Artikel nach Holland geführt wurden fallen nun den franzosen in die Hände, diß freilich nur, so der Friede mit England nach dem statusquo geschlossen wird. Wenn aber dies nicht, desto schlimmer! und die Deutschen sind genöthigt, es von diesen zunehmen. Da der Weg um eine gute Strekke kürzer ist, so könnte man glauben, daß es für Deutschland vortheilhaft sey. Indem aber die Franzosen die transportkosten nach dem grossen Maasstabe darauf legen werden, so entspringt dadurch den Deutschen schon ein grosser Nachtheil, der noch erhöht wird, wenn, wie es wahrscheinlich ist, die Franzosen die Deutschen durch vermög ihrer Politik herbeigeführte Umstände nöthigen werden, ihre überflüssigen Artikel, ihnen wohlfeiler zu überlassen. Die franzosen werden es bald durch ihre Ueber legenheit dahin bringen, daß Frankfurt und Hamburg von ihrer Höhe herabsinken, und in Mainz der Reichthum von beiden vereinigt werden muß.

Dadurch daß der Rhein unter französische Hoheit kommt, denn was ist es viel anders, wenn er nicht mehr unter deutscher Hoheit stehen soll, verlieren die längs des Rheins liegende Staaten nicht allein ihre bisher bezogenen beträchtlichen Zölle und andere Regalien, sie stehen auch in Gefahr, in eine, obgleich in keinem Vertrag stipulirte, doch stillschweigende Abhängigkeit, von Frankreich zu fallen.

Durch die Erlöschung der drei geistlichen Chur- und mehrerer andern weltlichen und geistlichen Fürsten und Herren, jenseits des Rheins, und dem daraus nothwendig entspringenden Austauschungs- und Entschädigungs-Plan, werden Oestreich und Brandenburg, im Verhältnis gegen das deutsche Reich, mächtige, und die andern ihre Existenz noch behaltende deutschen Fürsten und Stände, werden dadurch zwischen jene beide Mächte und Frankreich, und also in eine weit kritischere Lage versezt, als sie nie in einer waren. Denn hiedurch ist der Grund zu einem Verschlinge-Plan gelegt, indem entweder jene beiden Mächte, oder Frankreich, die übrigen kleineren deutschen Staaten, einst in ihren Busen aufnehmen werden. Sollte dies Frankreich gelingen, so würde freilich selbst jenen Mächten erſter Gröſſe eine Gefahr drohen, aus der ſie ſich nur durch eine geſchikte Richtung des überall ſprudelnden, obgleich meiſtens falſchen, Freiheitsgeiſtes, herausreiſen würden.

Nach allem, woraus man ſchlieſſen kann, wird das deutſche Reich, ſo groſſe Veränderungen ihm bevorſtehen, doch ſeiner Form und folglich ſeiner Conſtitution nach, beibehalten werden. Dem ungeachtet kann man auch zum voraus ſehen, daß durch die Wegräumung dieſes Steines, durch Aushebung jenes Balken, durch Lichtung jener bisher ſo finſtern Wand, u. ſ. w. das deutſche Staatsgebäude ſo weſentliche Veränderungen leiden werde, daß ſie nicht anders, als zu ſeiner baldigen gänzlichen Auflöſung beitragen müſſen.

Gewinnen kann alſo, nach dem, was wir bisher berührt haben, das deutſche Reich nichts. Alles in der Welt hat zwar zwo Seiten, man könnte daher vielleicht auch die vortheilhaften aufzählen. Aber von dieſer Seite her, können wir uns allenfalls blos durch einen bedingten Gewinn für die Zukunft tröſten.

Die voraus zuſezenden Fälle wären etwa dieſe:

Deß, ſtatt der eingehenden drei geiſtlichen Kurfürſten, drei weltliche Fürſten dagegen eintreten könnten, die um der Erhaltung ihres fürſtlichen Hauſes, und um anderer bekannten

Ursachen willen, mit mehr Eifer und Wärme, theil an dem Interesse des deutschen Reichs nehmen, und also sein Vortheil in jeder Hinsicht besser besorgt werden würde.

Daß der Verlust der Römermonate, Contingente u. s, w. welche die Provinzen jenseits des Rheins beitragen musten, im Verhältnis gegen den Vortheil, daß durch die Abtretung des linken Rheinufers an Frankreich, künftig allen Ursachen eines baldigen Krieges vorgebogen, eigentlich kein Verlust sey, wenn es nur nicht wahrscheinlich wäre, daß dagegen ein grosser Theil der kleinern deutschen Staaten, in zukunft von Frankreich dependent wären.

Daß durch den Rhein die Grenzen Deutschlands natürlicher, bestimmter und in verschiedenen Verhältnissen auch vortheilhafter wären; wenn das deutsche Reich sonst wegen seiner innern Verfassung mit Frankreich in eine Parallele gestellt werden könnte, und dieses nach der gegenwärtigen Lage, nicht ein zu grosses Uebergewicht hätte.

Daß die deutsche Constitution einfacher, solider, wirksamer und dauerhafter seyn würde, wenn nicht zu vermuthen stünde, daß gerade nun der inneren Rivalität mehr die Thore geöfnet, und die ohnehin so loker geknüpfte Einigkeit der deutschen Stände, vollends gelößt werden möchte.

Daß das deutsche Reich, ungeachtet des durch die Rheingrenze zu leidenden Verlusts, doch mit Frankreich, sowohl an innerer als an äusserer Stärke in gleichem Verhältnis wäre wenn man den vorigen Punkt nicht zu befürchten hätte.

Daß so gar das Gleichgewicht in Europa seiner Vollkommenheit näher gebracht worden wäre, woraus für die Menschheit so unendlich viele Vortheile entspringen müßten, wenn man das deutsche Reich eben so wie Frankreich, Rußland u. a. als eine selbstständige, ungetheilte Macht betrachten könnte.

Diese und viele andere Vortheile, könnten aus der Rheingrenze für das deutsche Reich entstehen, wenn die dabei angeführten Bedenklichkeiten nicht obwalteten, und wenn Oestreich, und als Rival nothgedrungen, auch Preussen, als die stärksten und mächtigsten Bruder im deutschen Fürstenbunde, und nicht, als fremde Mächte, handeln, und beinah alle andere Reichsstände, wie Bälle betrachten wollten, womit sie nach Belieben spielen dürften; wenn die kleineren deutschen Fürsten nicht aller Energie und Selbstthätigkeit beraubt wären, und doch dabei sich nicht einfallen liessen wie jeder sich mehr Souvränität verschaften, und den andern von sich abhängig machen könnte; und wenn endlich alle grosse und kleine deutsche Staaten, innig vereint, unter dem gemeinschaftlichen, selbst thätigen, uneigennützigen und für das deutsche Reich in der That ernstlich besorgten Oberhaupte agirten, und kein Staat etwas vornähme, was aufs Ganze Einfluß haben könnte, ohne daß es vorher gemeinschaftlich beschlossen worden wäre.

So lange die innern deutschen Verhältnisse nicht auf einen solchen gemeinschaftlichen Fuß gesezt werden, — und hiezu hat man je länger, desto weniger Hofnung — so lange wird die Rheingrenze dem deutschen Reiche nicht allein schädlich seyn, sondern die sonst für Deutschland so wohlthätigen Wellen des Rheins, werden durch die Leitung der Neufranken, und die Uneinigkeit der Deutschen selber, die deutsche Verfassung, deutsche Freiheit, und die noch in ganz geringem Maas übrig gebliebene deutsche biederkeit, vollends wegspülen, und Deutschland nach und nach entweder in eine grosse Republik, oder in wenige Monarchien umschaffen je nachdem das Beispiel Frankreichs, durch seinen glüklichen oder unglüklichen Erfolg, nnd das Verhalten der Grossen und ihrer Regierungen, auf Deutschlands entnervte Bewohner wirken wird.

Was Oestreich, Preussen und Frankreich, durch den Frieden zu Udine, und durch die nur zu wahrscheinliche Rheingrenze, gewinne, oder verliere? ist eine zu interessante Frage, als daß sie nicht einiger Aufmerksamkeit werth seyn sollte.

Etwas besseres, und gründlicheres, wird wohl in einer Flugschrift, worauf gegenwärtige Blätter ganz allein Anspruch machen, kaum über den Verlust oder Gewinn des Hauses Oestreichs, und der Republik Frankreich, durch den Frieden zu Udine, gesagt werden können, als man es in einem bekannten Pariser Zeitblatt*) findet. Wir tragen daher nicht das mindeste bedenken, die in jenem Blatte gefundene Bemerkungen zu übersezen, theils um sie dadurch mehr ins Publikum zu bringen, theils weil sie ganz zu unserem Zwecke dienlich sind.

Man hat schon viel, sagt der Verfasser, über den merkwürdigen Frieden zu Udine geredet, über einen Frieden, der die alte Eifersucht zwischen Nationen aufheben, neue Verbindungen zwischen ihnen vorbereiten, und ein neues allgemeines politisches Sistem für ganz Europa schaffen wird. Aber es ist unmöglich, die reiche Ideen, wozu er Stof giebt, die Ansichten, die Vermuthungen, die Aufklärungen, die aus diesen ungeheuren Planen entspringen, in die enge Grenzen periodischer Blätter einzuengen, und zum voraus die verschiedenen Resultate davon anzugeben. Wir wollen uns damit begnügen, blos einige Bemerkungen hieher zu sezen, die sowohl die welche den Friedensvertrag zu Udine in seiner Grundlage, angegriffen, als die die ihn vertheidigt haben, äusserten.

Wenig-

───────────────
*) Bulletin de la Republique ero. 55. sur la paix d'Udine.

Wenigstens, wenn man nach Art eines Tamerlan, oder eines Carl XII. unterhandeln will, muß man zugeben, daß alle Friedensverträge auf beiderseitige Nachgiebigkeit gewisser Ansprüche, und auf gegenseitige Erwerbung gewisser Vortheile, gegründet seyen, und zwar dergestalt, daß in beiden Fällen ein richtiges Verhältnis, das die Folgen des Kriegsglücks zwischen dem Ueberwinder und dem Besiegten, festgesetzt haben, beibehalten werde. Und nach diesem unverwerflichen Grundsatze, verdienen die französische Regierung und der Held und Friedensstifter, der sie bei den Konferenzen zu Udine repräsentirte, gleichviel Erkenntlichkeit in Ansehung der Unterhandlungen, als sie sich durch ihre Siege Ruhm erworben haben.

Der Kaiser, obgleich oft überwunden, behauptete doch eine Ehrfurcht einflößende, und von bedeutenden Kräften zeugende Stellung; dagegen Frankreich, von seinen Siegen auf dem festen Lande ermüdet, auf allen Meeren einen hartnäckigen und siegreichen Feind zu bekämpfen hatte. So war in den Augen eines jeden gutgesinnten Menschen, die Lage der beiden Mächte beschaffen, deren Bevollmächtigte den Kongreß zu Udine bildeten; so war auch die Grundlage, worauf man die Unterhandlungen stützen muste.

D

Wenn in diesem Friedensvertrage Frankreich unermeßliche Vortheile erhalten hat, und wenn die, seinem wieder vereinigten Feinde, übrig gebliebenen Vortheile, für Frankreich nicht gefährlich werden können, und ihn noch überdies von Frankreichs unversöhnlichen Nebenbuhlern trennen, so kann doch wohl die schiefe Beurtheilung dieses ruhmvollen Vertrags nichts anders, als ein Beweis einer unsinnigen Mißgunst, oder des politischen Fanatismus seyn, dessen Rath, aus rasenden Vergrößerungen entstanden, eine weise Regierung sich niemals bedienen kann.

Niemand wird sich unterstehen, zu widersprechen, daß, indem die französische Republik durch den Frieden zu Udine, 4 Millionen arbeitsamer Einwohner, 36 Millionen Livres Einkünfte, den fruchtbarsten Boden, prächtige Städte, unbezwingbare Plätze, und Häfen und Küsten, die ihr die entschiedene Superiorität in dem Kanal und der Nordsee in Zukunft versprechen, sie nicht in Europa einst die herrschende Macht werde, und überall die Uebermacht ihrer Siege, der Vernunft und der Freiheit ausüben könne, wann, wie und wo sie wolle; aber ein noch weit grösserer Vortheil, den sie dadurch erhält, und den so gar die Verfechter dieses Friedens anzuführen vergaßen, besteht darinn, daß die Republik in Zukunft, nur Freunde und Verbündete, zu ihren Nachbarn haben wird. Von den Spitzen der Alpen und den pirenäischen Gebirgen an, als den Grenzen, die ihr die Natur gab, sieht sie nichts anders, als Völker, die von Erkenntlichkeit glühen, oder von Furcht zittern, wann die Existenz der einen, von dem Schutz der Republik, und der Untergang der andern, von ihrem Zorn abhängt. Vom Vesuv bis zum Tagus, und von Kadix bis nach Mailand, erhalten künftig die Regierungen von ihr, ihre Ruhe und ihr Daseyn; die Menschen aber erwarten von ihr, Aufklärung und Glückseligkeit. Die Schweizer=Gebirge, friedliche Wohnsitze der Sitten und der Freiheit, beschützen sie von den Alpen, bis hin an den Rhein; und dieser gewaltige Fluß, der die Republik von den kleinen Reichsländern scheidet, wird ihre neue Grenzen bis an die Sümpfe des alten Bataviens bespülen, wo er sich bey den getreusten, aber unglücklichsten seiner Verbündeten, verliert.

Auf diese Art verschwendet die Nachbarschaft Oestreichs, und mit ihr, der ewige Vorwand zu Ansprüchen, Verbindungen und Kriegen, die seit den Zeiten Karls des V. niemals aufgehört haben, Europa zu beunruhigen, oder es mit Blut zu überschwemmen. Frankreich, von einem kriegerischen Volke bewohnt, das zwei Feldzüge den furchtbarsten Veteranen gleich gemacht haben, kann seine stehende Heere auf 150,000 Mann einschränken, indem es gewiß versichert seyn kann, daß keine Macht auf dem festen Lande es wagen wird, seine Grenzen zu überschreiten, oder seine Ruhe zu stören; und diese Verminderung, dem Akerbau und den Künsten, so günstig, indem sie der Regierung gestattet, ihren Völkern mehr als hundert Millionen (Livres) Abgaben zu erlassen, läßt ihr noch eine gleiche Summe übrig, um ihre Seemacht wieder herzustellen. Diese mehr oder minder entfernte Resultate, die aus diesen neuen Verhältnissen entstehen, sind nicht zu berechnen, und werden vielleicht richtiger zu London, als in Paris, geschützt.

Indem die Tadler des Friedens zu Ubine, von den Vortheilen, die er der Republik gewährt, nur zu sehr überzeugt sind, so haben sie es versucht, ihn in denen dem Kaiser bewilligten günstigen Bedingungen anzugreifen. Sie verurtheilen die tiefe Politik, die dem Hause Oestreich die Stadt Venedig einräumt, als eine unkluge Freigebigkeit, und glauben, indem man eine seit drei Jahrhunderten ausgestorbene Macht zu seiner Gunst wieder aufleben mache, schon die östreichische Flotten im Archipel und auf dem schwarzen Meere herrschen zu sehen. Aber es ist leicht, diesen muthwilligen Zweifeln, einige einfache

Betrachtungen entgegen zu stellen, die im Stande seyn werden, die Wahrheit auf Kosten jener glänzenden Täuschungen ans Licht zu stellen.

Das Haus Oestreich verliert in den Niederlanden, und in der Lombardie, 4 Millionen Einwohner, und 40 Millionen Livres Einkünfte.

Es erhält dagegen, durch Venedig, einen Theil der Terra Firma, durch Istrien und Dalmatien, ungefähr 1,800,000 Unterthanen, und 20 Millionen Revenüen. Es verliert also 2 Millionen Menschen, und 20 Millionen Einkünfte..

Hier fallen zwei Bemerkungen vorzüglich auf.

Man sagt, Oestreich gewinne sehr viel dadurch, daß es die bisher abgesondert gelegene Theile seines Reichs, vereinige, und leichter ein Ganzes, sich zu vertheidigen, bilde. Aber dies ist ein Irrthum, sowohl in der Theorie, als in der Wirklichkeit.

Die Niederlande allein waren von der Masse der östreichischen Besitzungen abgesondert; die Lombardie, deren Bevölkerung beinah der seiner neuen Erwerbungen gleicht, war von Tirol blos durch eine Erbzunge von 7 Stunden, getrennt. Dieser enge Paß gehörte zwar den Venetianern, aber feierliche Verträge garantirten ihn dem Hofe von Wien. Seine in die Augen fallende Superiorität über eine kleine und abzehrende Republik machte jenen Paß zu einem wahren Eigenthum Oestreichs, und die Lombardie war mithin, wie an Oestreichs Provinzen angeknüpft. Seine Lage im Centrum Italiens verschafte den beiden Zweigen des Oestreichischen Hauses, die in Modena und Florenz regierten, eine wirkliche Stütze, so wie im Gegentheil, der kaiserliche Adler durch sie, eine größere Sicherheit erhielt, Sardinien bedrohte, über Parma herrschte, und nicht selten kühne Ansprüche auf den römischen Thron machte. Der Vertrag von Udine hat alle diese beunruhigenden Einflüsse verschwinden gemacht. Der Modenesische Staat ist nicht mehr, und der letzte Zweig des Est'schen Hauses ist an die Ufer des Rheins verpflanzt. Toscana sieht sich durch die cisalpinische Republik von den östreichischen Provinzen getrennt, und die Nachbarschaft dieses neuen Staates, dessen Regierung alle Kraft der Jugend und der Freiheit besitzt, ist dem Wienerhofe weit ungelegener, als die weit unmächtigere und minder beschützte Republik Venedig, deren unausstehliche Aristokratie mit schwacher Hand noch kaum das alte, wankende Gebäude hielt. Mithin, weit entfernt, viel durch die Gunst der Lokal-Umstände zu erhalten, verliert Oestreich vielmehr durch diesen Wechsel, an Einfluß, indem es nichts an Sicherheit gewinnt. Folglich mangelt der ersten Bemerkung derer, die den Frieden von Udine tadeln, Genauigkeit und Solidität.

Die andere Bemerkung bezieht sich auf die Usurpation eines Theils von Polen, der, wie man sagt, als Entschädigung für den Wiener Hof hinlänglich seye. — Man vergißt hier keineswegs die strengen Grundsätze eines andern Tadlers, der Bonaparte vorwirst, daß er dem Kaiser die Souverainetät eines Volks abtrat, das frei seyn wollte. Gewiß, wenn es eine Kompensation ist, die die Minister der französischen Republik niemals, unter Strafe den verhaßtesten Misbrauch des Siegs und der Gewalt zu legalisiren, anerkennen dürfen, so ist es die, wodurch die Verlassenschaft einer großmüthigen Nation an fremde, vertheilt worden; so sind es die zerrißenen Stücke von Kosciusko's Vaterlande. — Aber wenn auch die französischen Unterhändler sich nicht haben schämen dürfen, die Theilung Polens zu rechtfertigen und zu garantiren, indem sie den kaiserlichen Hof gezwungen hätten, gleichfalls seinen Antheil, als Entschädigung seines Verlustes anzunehmen, würden wohl die Minister des Wiener

Kabinets diese behauptete Schadloshaltung zugegeben haben? Ist es nicht ganz Europa bekannt, daß diese unbillige Theilung ganz allein Preußen und Rußland zum Vortheil gereicht? Daß Oestreich schon dadurch verliert, indem seine Nebenbuhler unendlich mehr gewinnen, und das Gleichgewicht ihrer gegenseitigen Kräfte dadurch gestöret ist? Statt eines schwachen und getheilten Nachbars, hat die östreichische Monarchie nun deren zwei furchtbare, wovon einer sein natürlicher Feind, und der andere sein stolzer Nebenbuhler ist. Hier also, wie in Italien, grenzt Oestreich künftig an mächtige Staaten, deren Kräfte ihm rathen, seine Kriegsmacht zu vermehren, statt sie zu vermindern. Dem ungeachtet wird seine Vertheidigung unsicherer und kostspieliger, in einem Zeitpunkt, wo seine Bevölkerung und seine Einkünfte, wesentlich sich vermindert haben.

Und doch glaubt man, daß das stets bedürfnisvolle und arme Haus Oestreich, in einer solchen Lage, im Stande sey, Quellen zu allen den ungeheuren Ausgaben, in sich zu finden, die die Unterhaltung seiner Landmacht, und die Schöpfung einer Marine erfordern! Man hat wohl vergessen, daß es nicht genug sey, einen Hafen zu haben, um Schiffe zu unterhalten, und daß eben dieser Hafen in einem stürmischen Meerbusen liege, aus dem man nicht fahren könne, ohne die Kanonen von Corfou zu paſſiren; und daß derjenige Friedensartikel, der Frankreich dieſe wichtige Inſul zuſichert, für ſeine Handlung und ſeine Schiffart, mehr werth iſt, als alle Artikel, die dem Kaiſer die Küſten des adriatiſchen Meeres, von Venedig, bis Cattaro gewähren.

Wir können alſo keck ſchlieſſen, daß es eine abſolut chimäriſche Furcht ſey, einſt die Flotten Oeſtreichs in den Leviatiſchen Gewäſſern herrſchen zu ſehen, während ſeine Armeen die Freiheit Italiens bedrohten, die Rivalität Preußens bekämpften, und ihr Blut mit dem Blut der Ruſſen, unter den Mauren Kaminieks, vermengten. Dieſe Macht, von allen Seiten von gefährlichen Nebenbuhlern umgeben, iſt gezwungen, ſtets eine Armee von 330,000 Mann auf den Beinen zu halten, ja ſo gar ſolche zu vermehren, weil ſie in mehreren wahrſcheinlichen Lagen nicht einmal hinlänglich ſeyn dürfte, immer ſeine eigene Vertheidigung dadurch zu bewirken. Denn, ſeine Finanzen, ſo gar auch denn, wenn ſie mit einer ſtrengen Oekonomie verwaltet würden, welche ſeine Regierung niemals gekannt hat, würden kaum zur Unterhaltung einer ſo viel verſchlingenden Armee, hinreichend ſeyn, geſchweige, daß ſie im

Stande waren, jemals eine furchtbare See-macht zu errichten.

Der einzige Vortheil, der demnach aus den Erwerbungen am adriatischen Meerbusen, für den Wiener Hof, entspringen kann, möchte darinn bestehen, daß er seine kauf-männische Schiffart bis in das mitteländische Meer ausdehnen könne; aber dieser Vortheil, so groß er ist, kann er mit denen verglichen werden, die Frankreich aus den Besitzungen der Niederlande, der Oefnung der Schelde, der Acquisition von Nizza und Corfou, zieht, welche seine Handlung in den besuchtesten Meeren, und an den reichsten Küsten Euro-pa's, konsolidiren, ausdehnen, oder ihr neue Wege öfnen? Ich finde es nicht für nöthig, diese Beobachtungen noch weiter fortzusetzen; aber ich scheue mich auch nicht, zu behaup-ten, daß je mehr man den Frieden von Udine untersuchen wird, und je mehr sich seine Folgen entwickeln werden, desto mehr Frankreich fühlen wird, wie sehr sich die Regierung, die ihm diesen merkwürdigen Frie-den gegeben, und der ausserordentliche Mann, der ihn unterhandelt hat, um Frankreich und ganz Europa verdient gemacht haben, indem sie Freiheit und Unabhängigkeit auf allen Meeren vorbereiteten, und die Grundlagen zu einer weit aussehenden Ruhe festsetzten.

Da von dem französischen Verfasser blos darauf Rücksicht genommen worden ist, was die Republik Frankreich und das Haus Oestreich, im Allgemeinen durch den Frieden zu Udine verlieren, oder gewinnen, so wird nun noch nöthig seyn, mit wenigen Worten zu bemerken, was Oestreich und Preußen, als Theile des deutschen Reichs, durch die Rheingrenze verlieren, oder gewinnen könnten.

Das Haus Oestreich gewinnt schon als deutscher Reichsstand nichts, wenn es auch noch Salzburg, Passau u. a., wenn es so gar noch einen Theil von Bayern erhalten sollte. Da es durch den Frieden von Campo Formido noch nicht so viel erhalten, als es im Kriege verlohren, und das Breisgau noch dazu abtreten muste, so hat es schon einen sehr beträchtlichen Flächenraum nöthig, um nur hinlängliche Entschädigung an Quadratmeilen und an Einwohnern zu bekommen, wenn auch diese Quadratmeilen noch nicht gehörig kultivirt, und die Einwohner gröstentheils gezwungene, wenigstens keine freiwillige Unterthanen sind. Wenn man nun noch annimmt, wie das auch oben beiläufig schon berührt wurde, daß Preußen in keinem Fall leer ausgehen werde, ungeachtet es durch seine noch zu rechter Zeit in Bewegung gesetzte Politik sich ausser allen Schaden gesetzt hat, so wird Oestreich dadurch offenbar allein mehr verlieren, als wenn es nirgends einige Entschädigung empfangen hätte, aber Preußen auch in seinem Zustand geblieben wäre, wie diese Monarchie im Jahr 1789. war.

Aber als deutscher Kaiser verliert das Haus Oestreich wohl noch am meisten. Auf dem Reichstage zu Regenspurg wird ihm in Zukunft nicht nur die in vielen Fällen ihm sicher gewesene Unterstützung der drei geistlichen Churfürsten mangeln, es wird auch noch manche andere Stimmen vergebens suchen, um die es sich vorher kaum zu bekümmern geschienen. Wenn Oestreich, in einen Krieg, sey es mit welcher auswärtigen Macht es wolle, verwickelt wird, so kann es ihm unmöglich mehr so leicht werden, das deutsche Reich mit hinein zu flechten. Sey es auch, daß die Reichsarmee dem Hause Oestreich nie wesentlich genügt habe, so hat ihre Mobilmachung doch dem deutschen Reiche wesentlich geschadet, und der kaiserlichen Armee wenigstens dazu gedient, die Fehler, die ihre Generale begangen, den Reichstruppen aufzubürden. Der größte Nachtheil, der dem Hause Oestreich durch die Rheingrenze zuwachsen dürfte, wird wohl darinn bestehen, daß durch die Veränderung dreier Churhüte, das östreichische Haus bei Abgang eines deutschen Kaisers nicht mehr so sicher auf die unbezweifelte

Nachfolge wird Rechnung machen können, indem das deutsche Reich es gar wohl einmal wagen möchte, von seinem freien Wahlrecht zum Nachtheil des Hauses Oestreichs Gebrauch zu machen. Wenn es sich im Grunde auch nicht so viel darum bekümmern sollte, so muß man doch bedenken, daß ein Verlust immer gedoppelt hoch zu achten ist, wenn der dadurch verlohrene Vortheil einem andern, zuwächst, der den Nebenbuhler macht, als wenn er für jedermann verlohren wäre, oder der Nutzen wenigstens einem Freunde zukäme.

Von der Chimäre, womit sich einige so gerne tragen, als ob die Kaiserkrone, von der Republik Frankreich, dem Hause Oestreich, als erblich garantirt worden seyn könnte, lohnt sich kaum der Mühe, etwas zu erwähnen. So unbedeutend die schwere Kaiserkrone an und für sich selber seyn möchte, so könnten dies doch um der verschiedenen Folgen willen, die meisten Mächte Europa's nicht zugeben; es müste also ein Krieg daraus entstehen, der in den Wirkungen fürchterlicher seyn könnte, als der kaum geendigte.

Was Preußen betrift, so muß es jedem von selber in die Augen fallen, was es durch die Rheingrenze gewinne, oder verliere. Wenn man Preußens Verhältnisse von allen möglichen Seiten betrachtet, so kann man keinen

Verlust, weder durch den Frieden von Campo Formido, noch durch den Rastatter, er mag auch ausfallen, wie er wolle, auffinden. Gewinnen muß Preußen aus dieser Veränderung der Dinge indirekte, durch Zuwachs, Vertauschung, u. s. w. mittelbar aber gerade das, was Oestreich, als deutscher Kaiser verliert. So, daß sich das Haus Brandenburg, mit der grösten Wahrscheinlichkeit schmeicheln darf, einst noch bem einfachen, den doppelten Adler beizugesellen, und sie mit der Kaiserkrone zu vereinigen.